Carlos A. Schmitt

# UMA PALAVRA DE CONFORTO

Paulinas

Diagramação: *D. Carvalho, fsp*

Capa: *Manuel Rebelato Miramontes*

19ª edição – 2010
4ª reimpressão – 2025

*Nenhuma parte desta obra poderá ser reproduzida ou transmitida por qualquer forma e/ou quaisquer meios (eletrônico ou mecânico, incluindo fotocópia e gravação) ou arquivada em qualquer sistema ou banco de dados sem permissão escrita da Editora. Direitos reservados.*

Cadastre-se e receba nossas informações
paulinas.com.br
Telemarketing e SAC: 0800-7010081

**Paulinas**
Rua Dona Inácia Uchoa, 62
04110-020 – São Paulo – SP (Brasil)
📞 (11) 2125-3500
✉ editora@paulinas.com.br
© Pia Sociedade Filhas de São Paulo – São Paulo, 1978

VINDE A MIM
TODOS VÓS QUE ESTAIS
AFLITOS E SOBRECARREGADOS,
E EU VOS ALIVIAREI.

Mt 11,28

BASTA-TE A MINHA GRAÇA,
PORQUE É NA FRAQUEZA
QUE SE REVELA TOTALMENTE
MINHA FORÇA.

                        2Cor 12,9

# A REALIDADE DO DIA A DIA

Ouço diariamente vozes suplicando por ajuda.
É muito pouco o que desejam. Mas, é tudo.

**Um pouco de amor
um pouco de esperança
um sorriso fraterno
um gesto de compreensão
uma palavra de conforto,**
um sinal de VIDA NOVA que os
reanime para a caminhada.

São corações aflitos, cansados, sofridos,
esmagados pela vida, cuja cruz
se tornou pesada demais.

É certo que todos nós vivemos
momentos difíceis,
**momentos de solidão e angústia;
momentos de desânimo e tristeza;
momentos de decepção e lágrimas.**

Você, e eu, precisamos reabastecer-nos,
constantemente, na Fonte das Águas Vivas,
para não desanimarmos pelo caminho.
Por isso, meu irmão, ofereço-lhe
este livrinho como presença amiga
de quem já sofreu e sofre como você,
mas também, luta e espera como você, animado
pela palavra alentadora de Cristo:

> **No mundo haveis de ter aflições.
> Mas, CORAGEM! Eu venci o mundo!**
>
> **Jo 16,33**

Vamos, meu irmão!
Ergamos nossa fronte e prossigamos!
A FÉ EM CRISTO É A LUZ DE NOSSOS PASSOS!

# DEUS SE PREOCUPA COM OS QUE SOFREM

Deus tem um coração de Pai
e por isso se preocupa com o sofrimento
e o desânimo de seus filhos.
Há tantos que vivem abatidos, sem força
nem vontade para prosseguir.
Cansados de tudo, prefeririam a morte a
continuar vivendo, uma vez que a vida nada
lhes reserva de agradável e, viver, tornou-se
para eles um peso em vez de uma alegria.

Talvez você, amigo, esteja passando
— ou tenha passado — por momentos assim.
São trevas que, mais dia menos dia,
nos envolvem, quer queiramos quer não.
Quando menos se espera, a desgraça se abate
sobre nós, e nem sempre estamos
suficientemente preparados para suportá-la
e para reagir.

É então que precisamos, mais do que nunca, voltar
nosso coração para Deus.
Ele é a Fonte para nossa fraqueza.
**O alento para nosso desânimo.**
**A vida para nossas mortes.**

Na medida em que renascemos,
lembremo-nos
do irmão que também espera de nós
uma palavra de conforto, para que possa
ressurgir, superando as dificuldades diárias,
à luz de uma vida sempre renovada.

Nós temos o poder da linguagem de Deus
em nossas palavras, por frágeis
e pobres que sejam.
Confiemos nele e coloquemos em prática
a preocupação que Deus tem com os que sofrem.
Vivamos hoje o que o profeta Isaías nos diz,
e mais alguém há de sorrir de novo:

> **O Senhor Deus deu-me a linguagem**
> **de um discípulo**
> **para que eu saiba reconfortar pela palavra**
> **o que está abatido.**
>
> **Is 50,4**

# CRISTO, A PALAVRA QUE REANIMA

A preocupação de Deus
por seus filhos sofredores tornou-se visível
e concreta em JESUS CRISTO, cuja principal
missão se resumia em evangelizar os pobres:
todos aqueles que, de uma ou outra forma,
sentem que são necessitados.
O Pai o enviara para:

> **anunciar a boa-nova aos pobres,**
> **sarar os contritos de coração,**
> **comunicar aos cativos a redenção,**
> **aos cegos a restauração da vista**
> **e publicar o ano da graça do Senhor.**
>
> Lc 4,18-19

Eis, portanto, amigo, o LIBERTADOR
de nossas misérias e fraquezas!
Eis o que pode dar vida, onde não existe vida!

Eis o que pode criar esperança,
onde só existe desespero!
Ele é a própria FORÇA de Deus,
sem o qual somos pobres e incapazes de vencer.

> **Sem mim
> nada podeis fazer.**
>
> **Jo 15,5**

Na prática de sua vida diária,
você acredita nessas palavras do Cristo?
Você está unido a ele, profundamente,
como o ramo está ligado à árvore?

Sofrer sem ele,
só pode levar ao vazio e ao nada.
Com ele, tudo adquire nova perspectiva:
estamos caminhando para a plena realização
e esta só acontece pela ressurreição, tendo-se
passado pela cruz diária
e pela morte final que nos libertará.

**Por isso, amigo, busque o Senhor Jesus
com todas as forças de seu coração, e ele fará
renascer em você a vontade de viver
e o espírito de luta por dias mais felizes.**

# HOJE A MISSÃO É NOSSA

Cristo voltou ao Pai
e deixou-nos encarregados de continuar sua obra.
Ser cristão significa:
ESTAR HOJE EM LUGAR DE JESUS
**fazendo o bem que ele fez,**
**amando como ele amou,**
**transmitindo a todos os necessitados**
**aquela palavra de conforto que seus lábios**
**haveriam de pronunciar.**

O amor exige que nos preocupemos
com os irmãos que sofrem.
Ficar indiferente
seria o mesmo que confessar publicamente
que não entendemos o núcleo central
da mensagem de Cristo.
O que ele deseja é que todos se libertem
da angústia e do medo, e vivam a paz
e a liberdade dos filhos de Deus.

Se todos
vivessem uma comunhão mais profunda com Deus,

aprendessem o sentido real da fraternidade,
respeitassem os direitos dos outros
como gostariam que os seus fossem respeitados,
se o amor tivesse primazia sobre sexo,
exploração,
ganância,
e derivados,
o mundo seria bem diferente e não haveria
tantos corações aflitos e massacrados
por uma sociedade de consumo
e despersonalização.

Cruzar os braços e assistir passivamente,
como um derrotado, a procissão dos infelizes
que percorrem as ruas do mundo inteiro,
não é atitude de um discípulo de Cristo.

> **"Vós sereis minhas testemunhas",
> nos diz ele.**

At 1,8

Façamos jus à missão que ele nos confiou:
**Como o Pai me enviou,
também eu vos envio.**

Jo 20,21

Mas, Senhor, também nós somos fracos!
Como conhecer-nos melhor, santificar-nos mais,
para ter uma palavra de consolo
para os irmãos que necessitam?...

# ESTAMOS EM CONSTRUÇÃO

Somos seres inacabados,
            imperfeitos,
              cheios de limitações.

SÓ DEUS É PERFEITO,
livre dos desequilíbrios e das instabilidades
que nos são próprias.

É por isso que muitas vezes desanimamos
na busca da perfeição.
Gostaríamos
**que tudo acontecesse mais rápido,**
**que não voltássemos a recair nas mesmas faltas,**
**que fôssemos, enfim, melhores do que somos.**
E quando isso não acontece, a tristeza
e o desânimo começam a se infiltrar,
devagarinho, em nosso coração.
Perdemos a vontade de lutar, pensando
que nosso esforço é em vão, que tudo isso
de nada adianta, que é melhor deixar as coisas
correr como estão, uma vez que se tentou
tantas vezes e nada se conseguiu…

Esta é a nossa tentação, amigo:
a sua e a minha.
A tentação de seres em construção, que têm
o infinito diante de si e sentem as forças
diminuírem e nem sempre encontram alguém
que saiba compreender sua situação
e reconfortá-los para a caminhada.

Nunca se esqueça: quando o consolo humano
lhe faltar ou nada mais significar
em meio às suas mágoas,
A PALAVRA DE CRISTO
será sempre a força definitiva que
novamente o erguerá, se você, de fato,
lhe abrir o coração e deixar que ele entre.

Medite muitas vezes na palavra inspirada
do Apóstolo Paulo, referindo-se
ao poder transformante de Cristo:

> **Tudo posso
> naquele que me conforta.**
>
> Fl 4,13

# ACEITAR-SE E VALORIZAR-SE

A Psicologia nos ensina,
com muita propriedade, que
nós mesmos devemos ser:
**os primeiros a gostar de nós,**
**os primeiros a nos amar,**
**os primeiros a nos valorizar.**
Se eu não gosto de mim mesmo,
se eu não me amo, se eu não me valorizo
como posso querer que os outros me estimem?…

ACEITAR NOSSA VIDA, seja qual for o passado
que tivemos, é o grande segredo de uma vida feliz.
Somente quem se aceita é capaz de perdoar
seus próprios erros, para não criar em si
sentimentos de culpabilidade
(arrependimento não é isso!)
e reconstruir sua vida com alegria,
quando isso se tornar necessário.

O mundo está cheio de neuróticos
exatamente porque as pessoas ficam amarradas

ao seu passado, incapazes de libertar-se
das situações negativas que criaram,
e pensar com serenidade em seu futuro.
Em vez de ficar lamentando o que se perdeu
no passado, por que não aproveitar o presente
para fazer o bem e aprofundar-se
nas coisas de Deus?

**Jamais se desvalorize, amigo!**
DEUS O AMA, mesmo assim,
cheio de imperfeições, mas também
cheio de vontade de superá-las.
Não importa donde você vem,
que tipo de pecador você foi,
de quantas quedas está se levantando.
Tudo isso pouco importa!

O que importa é que você, agora, se dê
**aquele valor que antes não se dava,**
lembrando, diariamente,
o ensinamento do Apóstolo:

> **Não sabeis que sois templo de Deus**
> **e que o Espírito Santo**
> **habita em vós?**
>
> **1Cor 3,16**

# OS MOMENTOS DIFÍCEIS

Deus não condena a quem está arrependido.
Ele enviou Jesus Cristo, exatamente
para buscar a ovelha ferida, extraviada
e sem alento, perdida nos emaranhados
desta vida, nem sempre risonha e fácil.

Há momentos difíceis, em que o desespero
se apodera da gente e tudo nos parece
impossível e sem sentido.
Estamos como que perdidos, numa grande noite.

**Sentimo-nos condenados,**
**reprovados por Deus e pelos homens,**
**como um proscrito a quem todos lançam**
**olhares de menosprezo ou desconfiança.**
**Sentimo-nos sem rumo,**
**como quem não sabe para onde ir,**
**nem a quem estender a mão.**

Tudo isso faz parte da caminhada.
A Terra Prometida não se alcança sem conhecer

a aridez do deserto,
sem provar a dureza causticante do sol.

Mesmo que os pés sangrem, feridos
pela inclemência do caminho, não podemos parar.
Quem para, deixa de conhecer a alegria
de novos horizontes, a ventura de um oásis
que a distância oculta.

A perseverança – tão insistentemente
recomendada por Cristo e pelos Apóstolos –
é, sem dúvida,
a virtude indispensável do peregrino,
se bem que não seja fácil conquistá-la.

MANTER A FRONTE ERGUIDA,
apesar das provações,
sem perder a alegria interior –
tão contagiante quão preciosa –
é um dos grandes segredos
de quem vence na vida.

Mesmo que a luta seja árdua, recorde
a admoestação de Cristo e REANIME-SE, amigo!

> **Quem perseverar até o fim,
> este será salvo.**
>
> Mt 10,22

# CONFIANÇA E ABANDONO

**"Nossa capacidade vem de Deus"**,
nos lembra o Apóstolo.
Por nós mesmos, não somos capazes
de praticar o bem, porque **"tudo é dom de Deus"**.
É ele quem nos dá a vida e o amor que partilhamos.
Ter a humildade de reconhecê-lo, dando a Deus
o lugar que, realmente, merece ocupar
em nossa vida, é o passo para a conquista
da **verdadeira sabedoria:**
aquela que nos faz conhecer, com exatidão,
quem somos e nos abre os olhos
para a realidade da fé.

Confiança e abandono vão sempre unidos,
na caminhada de quem deseja viver
com otimismo e alegria.
ENTREGAR-SE NAS MÃOS DE DEUS,
como quem busca nele a finalidade suprema
da vida e nele reconhece um Pai e Amigo:
essa é a verdadeira atitude
do discípulo de Cristo.

Na hora dolorosa da cruz, até mesmo Jesus
pensou que o Pai o abandonara.
Mesmo assim,
"entregou o espírito em suas mãos" (Lc 23,46),
confiante no seu poder divino,
capaz de restituir a vida a quem entregara
a sua para a salvação dos outros.

Suportar o peso da cruz, sem reclamar
nem desistir, é obra, em primeiro lugar,
para quem crê em Deus e nele põe sua confiança.
É isto que o Apóstolo nos pede quando diz:

> **Deste modo podereis viver**
> **de maneira digna do Senhor,**
> **e agradar-lhe em tudo,**
> **frutificando em toda boa obra**
> **e crescendo no conhecimento de Deus.**
> **CONFORTADOS em tudo**
> **pelo seu glorioso poder, tende paciência**
> **para tudo SUPORTAR.**
>
> Cl 1,10-11

# REABASTECER-SE CADA DIA

**Viver bem é uma questão de fé,**
pois, Deus, melhor do que ninguém,
sabe o que é bom para nós.

Se quisermos ter saúde —
especialmente espiritual e psíquica —
sigamos as orientações que o Cristo nos trouxe.
Ele é a "luz verdadeira que ilumina todo homem",
ainda que muitos não o reconheçam e acolham.
Apesar disso,
ele não deixa de ser a Luz e o Caminho.

Nos seus ensinamentos foi claro e radical,
não permitindo dúvidas
sobre seus pontos de vista.

**Para ter forças no caminho,**
é preciso orar todos os dias.
"Orar sempre, diz ele,
sem jamais deixar de fazê-lo."

Lc 18,1

Alimentar o espírito, com o mesmo
carinho com que alimentamos o corpo.
**Reabastecer, diariamente, o coração,**
na Fonte Inesgotável da Vida,
buscando dessa Água Viva que o Cristo
ofereceu à samaritana (Jo 4) e hoje continua
oferecendo aos samaritanos que somos nós.

**Você diz que não vê sentido na vida,**
**que anda frustrado e vazio,**
**que o tédio é seu companheiro de sempre...**
**E eu lhe pergunto, amigo:**
**você aceita o CRISTO TOTAL?**
**Você reza, como ele rezava?**
**Você confessa e comunga**
**(ou não tem a humildade suficiente**
**para aceitar todos os meios de salvação**
**que o Cristo deixou, também aqueles que lhe**
**parecem difíceis ou humanamente sem sentido)?**

Vamos pôr a mão na consciência
e sejamos francos:
se todos os dias eu não me lembro
de buscar a Deus, de entrar em comunhão com ele,
como posso queixar-me
se a vida é difícil e vazia?...

# O SENHOR CAMINHA CONOSCO

Ainda hoje continua acontecendo o mesmo
que aconteceu aos discípulos de Emaús:

> Jesus aproximou-se deles
> e caminhava com eles.
> Mas, seus olhos estavam como que vendados
> e não o reconheceram.

Lc 24,15b-16

DEUS CAMINHA CONOSCO.
E Jesus de Nazaré
fez-se companheiro de jornada.
Se tivéssemos suficiente fé,
sentiríamos, a todo instante,
sua presença amiga:
sua mão, por assim dizer, tomando a nossa,
como caminham os amigos que se querem bem.

Seu olhar, pousando em nosso olhar,
como a dizer-nos que nos ama
e que jamais nos abandonará:

> **Eis que estou convosco,
> todos os dias,
> até o fim do mundo.**
>
> Mt 28,20

Verdade tão confortadora
deveria encher nosso coração de alegria,
dando-nos a esperança duradoura
de quem jamais desanima.

Veja como Deus nos ama, amigo!
Que ternura de Pai envolve seu coração,
enchendo-o de preocupações por nós,
quando, muitas vezes,
vivemos desligados dessa realidade,
deixando de amar a quem tanto nos ama!

Este é o maior consolo em nossa fragilidade:
DEUS ESTÁ CONOSCO.
Nada nos poderá separar do seu amor.
"Nem a morte (porque então iríamos,
definitivamente, com ele),
nem a perseguição, nem a espada",
como afirma tão bem o Apóstolo Paulo.
Agarremo-nos, desesperadamente, em Deus,
se preciso for,
mas nunca vivamos sem ele!

# O ESPÍRITO QUE NOS CONDUZ

Muitas coisas
nos são incompreensíveis na vida.
Há tanto mistério que ficamos, por vezes,
sem nada entender.
A fé, porém, lança uma luz esclarecedora,
sobre o mundo e sobre o homem.
Quem nos faz compreender as coisas de Deus
e, amá-las com um coração sincero e humilde,
é o ESPÍRITO SANTO, que o Cristo prometeu
a todos os seus discípulos (Jo 16,12-13).

> **Eu vos mandarei
> o Prometido de meu Pai
> e sereis revestidos
> da força do Alto.**
>
> **Lc 24,49**

Só ele nos conduz, verdadeiramente,
pelo caminho da luz

e nos reveste daquela força sobrenatural,
que nenhuma criatura,
por mais fabulosa que seja, nos pode dar.

Amigo:
deixe-se conduzir pelo Espírito.
Ore sob a luz de sua inspiração.
E o milagre da transformação acontecerá.

O que mais lhe posso desejar
é que siga o conselho do Apóstolo:

> **"Fortalecei-vos no Senhor.**
> **Revesti-vos da armadura de Deus.**
> **Orai continuamente pelo Espírito."**
>
> **Leia: Ef 6,10-20**

Agindo assim,
você sentirá a paz e o conforto de Deus
revestindo sua fraqueza,
tornando-se realidade, em sua vida,
o desejo de São Paulo:

> **O Senhor Jesus Cristo**
> **e Deus, nosso Pai, que nos ama**
> **e nos deu consolação eterna**
> **e boa esperança pela sua graça,**
> **CONSOLE OS VOSSOS CORAÇÕES e os**
> **confirme em toda boa obra**
> **e boa palavra.**
>
> **2Ts 2,16**

# AGORA É TEMPO DE SEMEAR

Creia profundamente, amigo,
nos dons que Deus lhe deu
e faça estas qualidades boas
renderem o máximo.

Não perca mais tempo
lastimando os erros do passado,
trazendo sempre de novo, à mente,
os pontos negativos
que amarguraram sua vida.
Leia e releia, meditando com carinho,
o que nos diz o profeta Isaías,
no capítulo 43,18-20.

É preciso construir a "obra nova",
              semear e fazer frutificar,
           em vez de marcar passo,
              desanimado de tudo e de todos.

Há tantos que precisam de você!
Abra seus olhos! Olhe ao redor:
não vê quantas mãos estendidas?...

"Bem cedo saiu o semeador a semear".
Bem cedo! Não há tempo a perder!
Há lares se desfazendo,
crianças morrendo de fome,
jovens se autodestruindo...
somente porque o amor não é vivido
e transmitido como deveria ser.

E você também é responsável!
Vamos encher-nos, hoje, de novo ânimo
e fazer a nossa parte na construção
de uma sociedade mais humana e cristã.

DEUS ESPERA MUITO DE VOCÊ.
Ele quer contar com suas mãos,
com sua voz,
com seu coração,
com sua palavra
para que os corações abatidos possam
renascer para a alegria.
Qual será sua resposta?...

# FILHOS DA RESSURREIÇÃO

Todo cristão deve ser mensageiro
de uma "alegre notícia":
Jesus Cristo ressuscitou
e está vivo entre nós.
Somos FILHOS DA RESSURREIÇÃO
e isso deve inundar-nos de otimismo,
capaz de contagiar
qualquer coração desanimado
e fazê-lo reviver.

Nada mais salutar que encher a cabeça
de pensamentos positivos
e o coração do fogo do Espírito Santo.

De pessimista e derrotado,
você aos poucos
passará a ser otimista e corajoso,
dando por sua vida um testemunho,
inequívoco,
de alguém que está repleto de Deus.

Viva uma religião pascal,
profundamente alegre e transparente,
e deixe morrer, em você, a tristeza
e o obscurantismo de uma religião
de "sexta-feira-santa", de quem fica apenas
se condoendo com o Senhor morto
e esquece que ele ressuscitou
e compromete você para uma vida nova
a ser transmitida também aos outros.

Somos um povo remido pelo sangue de Jesus,
um povo de ressuscitados.
Faça disso, amigo, uma realidade.
E a palavra de conforto
que hoje você recebeu, leve-a
para todos os irmãos que dela precisarem.


E não se esqueça:

> "**Seja sempre alegre.**
> **Ore sem cessar.**
> **Anime os tímidos.**
> **Sustente os fracos.**"
>
> Leia:   1Ts 5,14-22


E o Deus da paz
renovará constantemente seu coração!

# ÍNDICE

| | |
|---|---:|
| A realidade do dia a dia ........................................... | 5 |
| Deus se preocupa com os que sofrem...................... | 7 |
| Cristo, a palavra que reanima ................................... | 9 |
| Hoje a missão é nossa ............................................... | 11 |
| Estamos em construção ............................................ | 13 |
| Aceitar-se e valorizar-se............................................ | 15 |
| Os momentos difíceis................................................ | 17 |
| Confiança e abandono............................................... | 19 |
| Reabastecer-se cada dia............................................. | 21 |
| O Senhor caminha conosco...................................... | 23 |
| O Espírito que nos conduz ...................................... | 25 |
| Agora é tempo de semear.......................................... | 27 |
| Filhos da Ressurreição .............................................. | 29 |

Paulinas

Rua Dona Inácia Uchoa, 62
04110-020 – São Paulo – SP (Brasil)
Tel.: (11) 2125-3500
paulinas.com.br – editora@paulinas.com.br
Telemarketing e SAC: 0800-7010081